ブル大国
ニッポン

古川 美穂

岩波ブックレット No. 862

第1章　東日本大震災とギャンブル

大災害の後に増える依存症

「被災地でパチンコが大盛況らしい。そのため住民の間で軋轢《あつれき》が生まれている」

そんな話を初めて耳にしたのは、東日本大震災のあった二〇一一年の暮れ頃だった。

阪神淡路大震災や中越地震の後には、被災した人々の間ではストレスなどを原因としたアルコール依存が多く発生した。特に一九九五年に起きた阪神淡路大震災では、仮設住宅での孤独死が二三三名（兵庫県警発表）にのぼったが、うち病死の約三〇％は肝疾患で、四〇〜六〇歳代の男性では四三・八％を占め、そのほとんどがアルコール性肝硬変であったと報告されている。震災後に物理的・精神的に孤立し、あるいは心を痛め、お酒に救いを求めて命を落としてしまった方がこれほど多かったという事実は、あまり知られていない。

今回の東日本大震災でも、被災地へボランティアに入った医療関係者に話を聞いたところ、「仮設住宅などを中心に、さまざまなアルコール問題が起こっている」という。しかも今回はそれだけではなく「パチンコも現地でかなり問題になっている。アルコールと同様、パチンコ依存も深刻に懸念される」とのことであった。

パチンコの問題は、おそらく阪神淡路のときも起きていたのではないか。だが後の章で詳述するように、いわゆる「ギャンブル依存症」(正式名称は「病的賭博《とばく》」)を含む、問題のあるギャンブリング(「賭けごと」「賭博」)は一八年前にはまだ広く一般に認識されておらず、医療関係者の中でさえ詳しく知る者は限られていた。たとえそのせいで何らかの精神的荒廃が起きていても、「病気」という視点から考える人は、当時ほとんどいなかったと想像される。

東北の被災地でのパチンコ隆盛を耳にしてほどなく、「被災地にカジノを作るという動きがあるらしい」との情報があった。被災地の人たち自身の間に誘致の動きがあり、地元の議会に請願まで出されているという。

大震災と原発事故による未曽有の災害からの復旧・復興が課題となっているなか、被災地で流行するパチンコと、浮上するカジノ構想。――いったい現地では何が起こっているのか。

二〇一二年三月。私は震災からちょうど一年経った東北の地を訪れた。そして半月かけて、仙台市、名取市、多賀城市、石巻市ほか、沿岸部被災地を中心とした宮城県の各地、および福島県沿岸部に住んでいた人々の仮設住宅が集まる福島市や二本松市などを歩いた。

パチンコが生み出す軋轢

「震災後、まっさきに復活したものの一つがパチンコ屋です。夏になる前、まだ他の業種が再開どころではないうちから営業を始めていました。誰もが不安を抱えていて、娯楽も他になかったし、パチンコの灯りが、誘蛾灯のようにみんなをひきつけた。被災地で人が集まっているのはパチンコ屋だけ、という状況が長く続きました」

そう話してくれたのは、ギャンブル問題を抱える当事者が集まる全国組織の自助グループ「GA」の、仙台グループに所属するベアさん（通称）だ。

GAとはギャンブラーズ・アノニマス、つまり「無名のギャンブラー」の略。メンバーは自らを「強迫的ギャンブラー」と呼んで、通称（アノニマスネーム）で集まり、ミーティングなどを重ねて、ともにギャンブル依存からの回復を目指す。依存症は、「完治はしないが、回復はできる」と言われる。報告をしてくれたベアさんも二〇年来GAに通い、ギャンブルを断ち続けて、いまも普通の生活を送っている。

「こちらではパチンコのテレビCMは多いし、日によっては新聞の折り込みチラシの半分はパチンコです。ホールの駐車場はいつも満車。震災以降、被災地やその近辺でパチンコ屋が驚くほど繁盛しているのは、誰でも知っています」とベアさん。

このような状況に対し、怒りの声を上げる現地の人も多い。

津波で甚大な被害を受けて、約一二〇あった水産加工会社が九〇社近くに減ってしまった石巻市。ある中堅水産加工会社で取締役を務めるKさんは、やっと建てたばかりの新社屋の一室で、匿名を条件にこう語った。

「被災地には仕事がないとよく言われますが、一概にそうとは限りません。たとえばこの辺では我々が求人募集をかけても人が応募してこないんですよ。その大きな理由はパチンコです。朝からパチンコ屋に並んでいる人がたくさんいる。義捐金《ぎえんきん》や失業保険（雇用保険の失業給付）の延長に次ぐ延長で、黙っていてもお金が入りますからね。家族や家屋敷を失った方は本当にお気の毒だし、もちろん本当に補償や手当が必要な人は大勢います。でも一方で、得たお金をギャンブルに使っている人たちがいることも事実です」

二〇一二年四月一〇日付の東京新聞には「働かない被難者　パチンコ店満員　いわき市長　流入憂慮」という見出しが載った。記事の中では福島県いわき市の市長が、原発事故のため同市に避難している双葉郡の住民について、「東京電力から賠償金を受け、働いていない人もいる。パチンコ店も全て満員だ」と述べたと記されている。またその四日後には同紙で「市長の発言にいわき市民の賛否」という続報が載り、パチンコをめぐって、市民と被災者との間に深刻な摩擦が起きていることを伝えている。

宮城県内のパチンコ関係者Hさんも、震災以来、沿岸部のパチンコ店がこれまでになく潤っていることに関しては間違いないと言う。

「店によっては、売り上げが前年比五〇％増というところもあると聞きます。沿岸部と内陸部では状況がまったく違う。ただ内陸部でも、近くに仮設住宅のある店は人がよく入っているようです。個人的には良い現象だとは思いませんが、パチンコも営利を追求する一企業です。パチンコ店経営者や従業員だって生活していかなくてはなりませんし……」

一時は三〇兆円産業と言われたパチンコだが、ここ数年は他業種と同様、不景気のあおりを受けて衰退傾向にある。『レジャー白書　二〇一二』（公益財団法人　日本生産性本部）によると、パチンコ業界の市場規模は二〇兆円を割り込んだ二〇一〇年度よりもさらに二・五％減の一八兆八九六〇億円となった。前年比五〇％増という店もあるという被災地の状況は、異例のものと言っていい。

パチンコにでも行くしかない

みぞれまじりの風が吹きつけ、荒涼とした景色がどこまでも広がる沿岸部。見渡す限り何もなく、ただ紙屑のように潰れた廃車を積み上げた小山が点々と見えるだけ。人の姿もない。

ところが、この寒々とした光景から道ひとつ隔てて存在するパチンコ店に入ると、別世界とし か表現しようのない光と音が溢れている。すべての席が人で埋まり、みな無言でそれぞれの台に見入っている。外の光景との落差に目眩《めま》いを感じた。

被災地を中心に二〇軒ほどのパチンコ店を回ったが、いずれのホールも多くの客でにぎわっていた。駐車場には車が溢れ、平日の朝から寒空の下に行列ができる。昼前にはほぼ満員になる店も珍しくはなかった。

石巻のある店で、六〇歳代ぐらいの客に「毎日来ているんですか?」と声をかけたときのこと。漁師だという、その人の良さそうな男性は、目をしばたきながら、私には半分ほどしか理解できないきつい訛りで、こんなことを言った。

「そこの仮設さ住んでんだけど、家も船も流さえでしまって、他にすることねんだ……。ここに来てる人はたいがいそうだよ。毎日来てりゃ、そりゃお金も無くなっけど、仕事もねえしなあ。何かオレたちにもできる内職でもあればええんども。そうすりゃ、気も紛れるしな。津波のことは毎日思い出すよ……。テレビでもしょっちゅう津波をやってっから、テレビはあまり見ねな。真っ先に逃げたから、オレもガガ(母ちゃん)も助かったけど、周りの人はずいぶん流さえだよ。膝まで水に浸かって、何も持たねでジャンパー一枚で逃げてきたんだ。ほんと、なんにもねぐなった」

宮城郡七ヶ浜では、自らも家を流され、仮設住宅で暮らしながらボランティアセンターで働く引地淑子さんが、こう教えてくれた。

「パチンコにハマっている人の話はあちこちで聞きます。でも仮設住宅は四畳半二間が標準で、本当に狭い。じっと閉じこもっていたらおかしくなります。以前は仕事だけでなく、庭や畑仕事もできました。釣りをしたり、漁業組合の準会員なら、浜に出てちょっと貝を採ったり。みんなそうやって暮らしてきたのです。でも仮設住宅では何もやることがない。特に手仕事や井戸端会議もできる女性と違って、男性は本当に居場所がありません。パチンコにでも行くしかないという気持ちも、よくわかるのです」

仮設住宅に隣接するパチンコホール

現地で特に印象的だったのは、仮設住宅のすぐ近くに複数のパチンコ店が建つ地区がいくつかあったことだ。

パステルカラーの平屋ログハウス風のパチンコ店と、低いフェンスで隔てたすぐ隣にある大型の仮設住宅が、まるでひとつの施設のように見える場所さえあった。

役場の被災者生活支援担当者に「なぜあんな場所に仮設住宅を建てたのか」と訊《たず》ねると、「では逆に、どこに建てればよかったのかお聞きしたい。すぐに使える広い区画のある場所は限られています。パチンコ屋が隣にあるからと言って、一日も早く仮設住宅に入りたい人たちをさらに待たせておけばよかったのですか」と、悲憤まじりの返答であった。

被災地の仮設住宅に隣接するパチンコ店

たしかに、厳しい状況下での選択だったのはわかる。だがその弊害は、決して無視していいものではないはずだ。

たとえば宮城県内でパチンコ店に隣接する仮設住宅に住む、主婦のAさんはこう語る。

「六〇歳代のあるご夫婦は、ここに来てから連日パチンコをするようになりました。ご主人は漁をしていて、前は陸に上がった時たまに遊ぶぐらいだったのに、今は毎日通っています。時々タクシーで遠くの店にも行っているようです。子どもさんたちも、すっかり呆れて寄り付かなくなってね。奥さんは旦那さんに連れられてイヤイヤ通い、断ると暴力をふるわれる。ところが保健師さんが約束の時間に訪問しても留守なのでパチンコ屋に捜しに行くと、奥さんの方が夢中になって台のガラスを拳で叩いていたそうです。ご主人はこちらに来てから糖尿病が進んで足と目が悪くなり「もうオレは長えことねえから、どうでもええんだ」と言っています」

この仮設住宅では、他にも一組、パチンコに日参するご夫婦がいる。特に奥さんが激しくのめり込んでしまい、自分でも抜け出せなくて苦しんでいるという。

「お金を持っていられない。持つとどうしてもパチンコに使いたくなってしまうのだそうです。だから近くに住んでいる娘さん夫婦がお金を管理して、その中から生活費を渡していると聞きました。先日また旦那さん名義で義捐金が二〇万円おりたけど、娘さんに言わずにパチンコで使ってしまったと、奥さんが親しい人に打ち明けていました。止めようと思っても、自分ではどうにもならないんだって。周りも「お金なくなったら、どうすんだや」と心配しているのですが、人様の家庭にあまり口出しもできませんし……」とAさん。

福島県二本松市に役場ごと集団移転した浪江町の社会福祉協議会では、地域福祉コーディネーターの志賀美樹さんからこんな話を聞いた。

「私たちの仮設住宅は四つの市や町にまたがって三〇カ所ほどありますが、パチンコ屋に近い仮設住宅では、朝から店に並んでいる人がいるという話も耳にします。現時点ではパチンコからサラ金問題などが起きているという事例は聞きません。でも社会福祉協議会では場合によっては被災者に貸し付けもするのですが、当面の生活費は入っているはずなのに「お金を貸してほしい」という電話がときどき来ます。お金がなくなった理由はわかりませんが、ギャンブルの可能性はあるでしょう。けれど「パチンコをする方やお酒を飲む方には義捐金をお渡ししない」など、こちらで選別はできません。本当に難しい問題です」

石巻市の仮設大橋団地では、子どもたちがボランティアと遊んで走りまわるプレハブ集会所の中で、自治会長の山崎信哉さんから伺った言葉が胸に残った。

「皆さんの税金や善意からのお金を、パチンコやお酒で蕩尽する被災者がいるとは聞いていますし、悲しいことだと思います。でもそれを単純に仮設住宅と結びつけないでほしいのです」

山崎さんは何かを諦めたように訥々《とつとつ》と語った。

「それに、我々はお酒も遊びも一切我慢しなければならないのですか？　私自身はどちらもやりませんが、仮設の人間は一杯の酒、一回のパチンコでも「善意の金で遊んでいる」と後ろ指をさされます。だからこそ、より行動には気をつけなければいけない。しかし被災者といっても千差万別。いろいろな考え方の人がいますから……」

仮設住宅に住む人々は、不自由な生活の中で、日々さらなる我慢を強いられている。

そして、もちろんパチンコに通っているのは仮設住宅の人たちばかりではない。仙台市の郊外に住む主婦のNさんは、こんな衝撃的な話を聞かせてくれた。

「ウチの子どもは教師なのですが、勤務先の学校が被災して、職場環境がかなりきついようです。子どもたちの心は傷つき、すさんでいる。でも先生方だって被災しているんです。その上、もともと忙しい仕事なのに、震災関係でまた新しい仕事がたくさんできて、申請書類を山ほど処理しなくてはいけない。地震の影響で、校舎は使えない部分が多くて分断され、授業や会議など移動も多いのですが、ふと気がつくと移動に紛れて姿を消す先生がいるんです。パチンコに行っているというのです。でも教師の現場の仕事は相当なストレスなので、ガス抜きも仕方がないと言って、みんな見て見ぬふりをしているそうです」

問題は今も続く

心理的な深いダメージとストレス。先行きの見えない不安。なりわいにしてきた仕事の喪失。そこに補償金や失業給付、義捐金、家族の生命保険、東京電力からの賠償金など、さまざまな現金が支払われる。ローンの支払いも一時的に凍結される。家も仕事も失った被災者の生活再建のために十分な額とはとても言えなくとも、当面の生活だけを考えるなら、お金には困らない。こんな条件が重なった上に、日本では約一万二〇〇〇軒のパチンコ店があり、岩手、宮城、福島の被災した東北三県でも合計約六〇〇店舗が営業している。他に娯楽もない場所で、パチンコ店に足が向くのは当然の流れだろう。

この状況は残念ながら、現在(二〇一三年一月時点)もあまり変化してはいない。

先日、被災地の仮設住宅のすぐ近くに新しくパチンコ店が建つかもしれないという情報を受けて、現地の関係者に問い合わせた。結局その話は流れたようだが、予定地とされていた釜石市の一般社団法人「鵜住居《うのすまい》まちづくりセンター」スタッフである矢畑広志さんに、現地の最新状況を聞くことができた。

「パチンコ屋の盛況ぶりは相変わらずです。釜石では二店舗が被災しましたが、山の手で助かった店舗の客足はいい。仕事についていない方でも、遺族年金や見舞金などがいろいろ出ていますし、家族を亡くされた方には生命保険がおります。でも家の近くでばかりパチンコをしていると「爺さんや婆さんが死んだ金で遊んでいる」と非難されてしまうので、ときどき盛岡、北上、一関などの町まで出て行って遊び、そこで買い物に行った地域住民とばったり出会うというケースもあるようです」

現在、ゲートキーパーの資格を持つ矢畑さんは、かつて三年ほどパチンコ業界で働いていた時期があるという。その経験からも、震災で精神的・経済的にダメージを強く受けた人ほど、パチンコへの傾斜が深刻化するのではないかと危惧している。

「やはりパチンコ屋は手近にあればあるほど、のめり込む確率も高まります。震災による大きなストレスから、すでにある程度再起できている人は元気だけれど、まだまだ前に踏み出せない人も多いのが被災地の現状です。雇用も、建設業など職種が限られている。前からパチンコに通っていた人もいますが、震災後新たに関わってしまう人も多く、抜け出せなくなる人も出るのではないかと心配しています。そこにサラ金やブラックな金融機関が目をつけてくれば、多重債務、貧困、自殺などの問題につながる恐れもあります」

まもなく、震災から二年が経とうとしている。相変わらず足踏みしつづけている復旧・復興の諸問題と同様に、パチンコ問題もまた現在進行形である。

第2章　ギャンブル依存の罠

ギャンブルにのめり込むきっかけ

心の痛みを酒や博打《ばくち》で紛らわせたいと思うのは、昔から世の常だ。被災地でアルコールやパチンコにのめり込む人が増えるのは、ある意味で必然的な現象といえ、実際、多くの災害発生地で確認されている。

被災者とギャンブルをめぐっては、精神論的に、「つらくとも前を向いて頑張っている人だって大勢いる。酒やギャンブルに逃げるのは甘えだ」という意見を耳にすることも少なくない。だが、人によって置かれた立場や環境も、受けた傷の大きさも、性格や感受性も、立ち直りのために与えられた条件も、すべて違う。「甘え」や「弱さ」とひとくくりにすることだけでは、何の解決にもならない。

精神科医の森川すいめいさんは、認定ＮＰＯ法人「世界の医療団」メンバーとして、震災直後から被災地に入り、一年で三〇〇人以上のカウンセリングにあたってきた。

「津波に襲われ、目の前で家族を流される。家、仕事、故郷をいちどに失う。そんな目に遭って、何事もなかったかのように平然と生きていけるわけがありません。被災地の相談では毎日のように「死にたい」という声を聞きます。「誰もが辛いのを我慢しているし、震災で亡くなった人に申し訳ないから死ぬわけにはいかない。けれど生き方もわからない」というのです」

震災直後は皆が助け合い、手を取り合ってやってきた。だが時間が経つにつれて、個人差が開いてくると、森川さんは言う。

「家族仲の良い人や、居場所のある人は比較的に立ち直りやすい。しかしそうでない人たち、条件の悪い人たちは、逆にどんどん精神的に追い詰められていく。その中の一部の人々にとっては、アルコールやギャンブルが、なんとか明日を生きのびるための「道具(ツール)」となることもあるのです。決して肯定はできませんが、当面はそれをすることによって苦痛を薄めて、死なないで済んでいるという人たちがいるのは事実です。ただし、それがまた新たな苦しみを生みだす原因ともなってしまうことが問題なのです」

消費文化の観点から依存症を研究している、大谷大学教授の滝口直子さんはこう語る。

「ギャンブルをする人は、スリル感を楽しむ「アクション型」と、辛い現実から逃げるための「逃避型」に大別できます。特にEGM(エレクトリック・ゲーム・マシン)を使ったギャンブルは、逃避型と相性がいい。音や光に満ちた画面の中の世界は、痛みや苦しみを一瞬でも容易に忘れさせてくれます。PTSD(心的外傷後ストレス障害)などが引き金となってギャンブルを始める人は特に、パチンコやスロットなどのEGMに向かう傾向があります」

また、必ずしも「深刻な事態からの逃避」を目的としたギャンブルだけが依存を生むわけではない。「ちょっとした気晴らし」が、いつの間にか「病的なのめり込み」へ進行するケースも多いのだ。たとえばあるGAのメンバーは、こんな話をしてくれた。

「二〇歳代から六〇歳までずっと、こづかいの範囲内で月に数度のパチンコを趣味として楽しんできました。ところが仕事をリタイアした後は時間があるし、気晴らしに足しげく通い始めると、自分でも気がつかないうちにすっかりのめり込んでいた。ほんの二、三年で退職金を全て失い、多額の借金まで作ってから、ようやくGAを知ったのです」

どこまでが健全な息抜きで、どこからが問題をはらんだ逃避なのか。その線引きが、本人や周囲にもわかりにくいのが、ギャンブルの難しいところだ。

問題が表面化するのは、まだこれから

ギャンブルを始める動機は人それぞれだ。だが、ギャンブルを繰り返すなかで、その刺激によって脳の中に依存の回路ができる危険性がある。

前出の森川さんも滝口さんも口を揃えるのは、その先にある「依存症」の恐ろしさだ。回路ができ上がってしまうと、簡単に消えることはない。「依存症は完治しないが、回復することはできる」と言われるのは、こうした脳の性質のためだ。一度依存症になると、たとえ一〇年、二〇年と酒、麻薬やギャンブルを止めていても、たった一杯の酒、たった一服の吸引、たった一回のパチンコで、あっという間に元の状態に戻ってしまう危険性がつきまとう。

現に東北被災地では、医療機関や自助グループにつながってアルコールやギャンブル依存から回復途上にあった人たちの、スリップ（賭博や飲酒などの再発生）問題が起きている。

首都圏のあるギャマノン（ギャンブル依存症者の家族らが作る自助グループ）のメンバー、Sさんは次のように言う。

「福島県のギャマノンメンバーで、パチンコ依存から何年も回復していた旦那さんが、震災後にスリップしてしまったという方がいます。原発事故のせいで奥さんとお子さんは県外に避難し、仕事の関係で旦那さんだけが福島に残った。その間にまたパチンコを始めてしまったのです」

過酷な状況と、家族と離れ離れになった孤独が、パチンコ再開のきっかけになったことは想像に難くない。前出の仙台GAのベアさんもこう語る。

「我々は週に一度ミーティングをしますが、いつも来ていたメンバーで震災後にパタリと現れなくなった仲間が一五人ぐらいいます。震災直後の無事だけはみんな確認していますから、おそらくは八割方、スリップでしょう。しかし自助グループは自発的に来るからこそ治療の意味のある場所なので、こちらから無理に「来い」とは言えません。我々にできるのは、彼らが再び困った時に「よく戻って来ましたね」と迎え入れられるように、会を守り続けることぐらいしかないのです」

スリップではなく、この震災で新たにパチンコ依存になった人はどのぐらいいるのか。現時点では誰にもわからない。どの機関も調査をしていないということもあるが、それ以前の問題として、ギャンブル依存は、アルコールや薬物依存と違い、直接的に肉体的な変調をきたすということはないため、アルコールや薬物依存に比べて格段に発覚しにくいのだ。しかも依存症は別名「否認の病」と言われ、かなり重度になっても「好きでやっているだけ」「やめようと思えばやめられるはず。」要は意志の問題」と、当事者も周囲も現状を認めようとしない性質がある。結局、社会的な活動に障害が出るようになり、多額の借金でにっちもさっちもいかなくなってから、ようやく周囲が気づいて医療機関や自助グループにつながるというのが一般的だ。

東北を半月回った際に、仙台で依存症も専門的に診ている東北会病院に取材を申し込んだところ、「いまのところギャンブル依存に関してはむしろ来院患者が減っているぐらいなので、お話しできることはありません」と回答された。そして、「この病気は不思議なもので、お金があると（表面上は）治ってしまう。つまり資金がじゅうぶんあって、自由にギャンブルを続けていられる限り、問題はあまり目に見えません。お金がない、それでも止められない、そのとき初めて（借金や家族関係のこじれなど様々な）問題が発生し、医療機関などを訪れるわけです。いま被災地でパチンコが盛況だというのは憂慮しています。これが深刻な依存症問題として社会的に表に出てくるのは、お金が尽きて問題が出始める頃、おそらくこれから何年か後のことになるでしょう」という。

また前出の森川さんも同様に「今から予防策を講じなければ、被災地では将来確実にギャンブル依存が増える」と警鐘を鳴らす。

一般に、ギャンブル開始から依存症になるまで、どのぐらい期間がかかるのだろうか。

ギャンブル依存に詳しい精神科医で、作家の帚木蓬生《ははきぎほうせい》さんが、かつて自身のクリニックに来院した病的ギャンブラー一〇〇人を対象に調査した。その結果、ギャンブル開始の平均年齢は二〇歳、借金開始の平均年齢は二八歳。治療の場に現れるのは、それからさらに約一〇年後という数字が出た。アルコール依存と同様、女性の場合は男性よりも早く依存が形成されることがわかっているが、その原因はまだ解明されていない。

だが、これらはあくまで平均の数値だ。開始からほんの二、三年で依存が形成されるケースもあれば、前章のGAメンバーのように四〇年以上問題のないギャンブルをした後、急速にのめりこむ場合もある。ギャンブル依存症は進行性の病気なので、「始めてまだ一、二年しか経っていないから大丈夫」、あるいは「もう一〇年以上やっているのに問題が起きないから、自分は大丈夫」などと素人判断をすることはできない。

ギャンブル依存症（病的賭博）とは何か

「依存」とは、本来は薬理学的な概念だ。ある特定の薬を使用し続けた結果、その使用を止められなくなる。そして精神効果を得るため、または使用しないと起こる不快感を避けるために、繰り返しその薬を使ってしまうという状態を指す。

だが精神科医で嗜癖《しへき》問題の専門家である田辺等さん（北海道立精神保健福祉センター所長）は、二〇一二年一〇月に行なわれた全国クレジット・サラ金・ヤミ金被害者交流会の分科会「消費者問題としてのパチンコ」の基調講演で、「現代には二種類の依存症がある」と話した。

その一つは脳に作用し、気持ち良くさせる物質（アルコール、覚せい剤、シンナーなど）を使うち、自分の意志では制御できなくなる「物質依存」。もう一つは、ギャンブルや買い物などの行為が気分を良くさせるので、やり続けるうちに自分の意志で制御できなくなる「行為への依存」（またはプロセス依存）である、という。

かつてはアルコール依存症さえ「意志の弱いアル中」「だらしない酒呑み」と、誤解や偏見の中で正しい医学的な理解を得られない時代が長くあった。しかも「行為への依存」は、依存を促す薬理作用のあるものが外から体の中に入ってくるわけではない。そのため物質依存に比べて、より本人の責任、意志の問題だと誤解されやすい側面が強い。

だがギャンブル依存症（病的賭博）は、アルコール依存症や鬱《うつ》病と同じように、ＷＨＯ（世界保健機関）やアメリカの精神医学会など国際機関も認める正式な疾病である。

「あるいは性質的に、がんや高血圧のような生活習慣病にも近いと思います」と、その恐ろしさを解説するのは、前出の帚木蓬生さんだ。

「なりにくい人とそうでない人の差はあるものの、原則的に、ギャンブル依存は誰でも罹《かか》り得る疾病です。私はよく、「たとえお釈迦様であろうと、うまい具合に状況を設定すれば依存症になるはず」と言うのです。ギャンブリングによって繰り返される強い刺激により、ドーパミンの代謝異常が起こり、脳の報酬回路に変調が生じます。それは近年、パーキンソン病の治療薬であるドーパミン作動薬を過剰摂取した患者が急にギャンブリング行動を開始したという報告でも傍証されています。依存の回路ができると、脳の奥深くにある扁桃体《へんとうたい》が司る「今すぐこれをやりたい」という衝動的報酬回路が強まり、逆に「これをするとどんな結果がおこり得るか」と予測する前頭前野の思慮的報酬回路の働きが落ちる。つまり脳のレベルで物事の価値判断が変化してしまうのです」

難解な専門用語が並んだが、こんな例を考えるとわかりやすいだろう。子どもを炎天下の車の中に放置したらどうなるか。借金を重ねて、会社の金に手をつけたら何が起こるか。普通なら容易に想像できることも、異常を起こした脳にとっては「ギャンブルをすること」に比べると、とるにたらない些事になってしまう。麻薬と同じく、人格や意志の力で解決できる問題ではない。「依存症はなまやさしい病気ではありません。進行性で治りにくく、自然治癒もしません。一度回路がついてしまえば、生涯完治することもない。しかし適切な治療をほどこせば「回復」することはできます。月に一度の通院と週一度以上の自助グループ通いを続ければ、カウンセリングやミーティングがワクチンの役割を果たし、再発症の阻止も可能です」と、帚木さんは言う。

だがこの事実が、今の日本ではあまりにも知られていない。「そんなに塞いでいないで、パチンコでもしてきたら」「あれほどひどい目にあったのだから、少しぐらいの気晴らしは仕方がないね」と、善意から出る周囲の一言も、依存症への引き金になることがあるのだ。

ギャンブル依存や「のめり込み」がもたらす弊害

パチンコホールの駐車場で子どもが車内に置き去りにされたことによる痛ましい死亡事故は、二〇〇四年以降だけで一二件おきており、最近では五年連続の発生となっている。

パチンコ産業側もこの問題に関しては「子どもの車内放置禁止」ポスターや、一時間おきの駐車場の定期巡回、一台ごとの確認など、さまざまな工夫を凝らしてはいる。だがそれでもやはり二〇一二年にも、八月に三重県内の駐車場で生後五カ月の乳幼児が熱中症とみられる症状で死亡する事故が起きてしまった。

また、ギャンブル依存は、借金や犯罪とも結びつきやすい。ギャンブル依存症がもたらすもっとも大きな弊害は「嘘と借金」であると、前出の帚木さんは言う。

「虚言は薬物や拒食症など他の依存症でも見られますが、借金問題はギャンブル依存症に特有のものです。アルコールは借金がかさむ前に体が壊れますが、ギャンブルには肉体的な限度がない。患者はお金をつくるためなら何でもするので、家族にとっては家の中に振り込め詐欺犯がいるようなもの。病気による脳の変化で、人格まで変わってしまうのです。また、振り回された家族や周りの人間が、心を病んだり体を壊したりするケースも多い」

たしかにギャンブルに深くとらわれると、人はどんなことをしても遊ぶ資金を捻出しようとする。これまで多くの回復した病的ギャンブラーの方々から話を聞いたが、「母親失格だと自分を責めながらも、学資保険から子どものお年玉貯金にまで手をつけてしまった」と告白する主婦や、「お金が足りないと、通勤用電車の定期券を払い戻してでもパチンコを打っていた」というサラリーマンなど、普通では思いつかないような金策をしばしば耳にした。「会社のお金を横領した」という告白を聞くことも少なくない。いずれも、まさかこんな常識のありそうな穏やかな人が、と思うような普通の方々だった。彼らはしばしば、「あのときの自分は狂っていた」と表現する。

その結果として引き起こされる借金、多重債務の問題は非常に深刻だ。

熊本の菊陽病院で五二名の患者の借金に関するデータを採ったところ、平均年齢が四〇・六歳で、コントロール喪失から相談までは平均一一・八年。そして平均の借金総額は九八二・三万円という数字が出ている（『たたかう多重債務　事件処理の手引き』全国クレジット・サラ金問題対策協議会より）。おおまかに言えば、依存症になってから病院に来るまでの約一〇年間に、平均一〇〇〇万円近くの借金ができているという図式だ。

一九八三年から多重債務者への支援などを続けている「高松あすなろの会」（香川県高松市）では、ギャンブル依存症者への対策も積極的に取り組んでいる。同会では多重債務者への電話相談を開いてきたが、二〇一二年一月には「ギャンブルでお困りの方のためのホットライン」を開催した。

「二〇一〇年に改正貸金業法が完全施行されて、多重債務問題の多くは解決、改善されました。当会を含め、各相談窓口の多重債務相談は大幅に減少しています。ところが今回のホットラインで実感したのは、ギャンブル依存に陥っている多重債務者は、そのような社会の流れから取り残されているということでした」と、相談員の鍋谷健一さん。

全国から寄せられた相談の内容には、たとえば次のようなものがあった。

「テレビコマーシャルを見て東京の大手弁護士事務所に債務整理を依頼したが、借金原因のパチンコが止められず、結局また新たな借金をしてしまった。パチンコを止めたいのに、どうしても止められない。いったいどうしたら止められるのかわからない」

「息子のパチンコによる借金を親が今まで何度も何度も肩代わりして返済してきた。これ以上お金を出すのはよくないと頭では思っているが、息子に頼まれると出してしまう」

いずれもいわゆる「ギャンブル依存」の典型例だ。特に後者のケースは、依存症当事者の周囲が本人を助けるために良かれと思ってやったことが、結果的に依存を支えてしまうことになる。これは専門用語で「イネーブリング(可能ならしめる行為)」といって、著しく依存症の回復を遠ざける、「やってはいけないこと」とされている。だがこうした依存症に関する知識は、一般にはほとんど知る人がいない。その結果、本人は「止めたい」という意志があるにもかかわらず何度でも同じ過ちを繰り返し、周囲もそれに振り回され続ける。

「高松あすなろの会」への相談者の中では、ギャンブルが原因というケースは毎年だいたい三〜四割。二〇一一年には四四・三%であった。

ひとつ注意したいのは、これらのトラブルや借金は必ずしも「依存症」という病気のレベルにまで達していなくても、起こり得るということだ。

前出の大谷大学教授、滝口さんはこう語る。

「ギャンブラーがどのぐらいお金を使うと問題が生じてくるのかを調べた海外のデータがあります。何らかの問題があるギャンブラー群と、問題が何も生じていないギャンブラー群を比較してみると、後者は全世帯収入の一%を超えない範囲でギャンブルを楽しんでいることがわかりました。アメリカでもカナダでも、この一%以内という数字は同じです。日本における二〇一〇年の勤労者ひと月の世帯収入は平均五二万円。ですから平均的サラリーマンにとっては、月に五二〇〇円で可能な範囲が健全なギャンブルという計算です。ちなみに『レジャー白書　二〇一一』によると二〇一〇年の一人当たり年間平均費用がパチンコ（パチスロも含む）七万七一〇〇円、宝くじが一万九六〇〇円、中央競馬が四万六二〇〇円。単純に数値だけをみれば、平均的な金の使い方をしているパチンコのプレイヤーは、健全な範囲である一％を超えたギャンブルをしていることになります」

対策はどこまで進んでいるのか

日本には病的ギャンブラーがどのぐらいいるのだろうか。

これまで大規模な疫学調査が日本でなされたことはなかったが、ようやく厚生労働省が研究調査を行ない、二〇一〇年に結果が発表されたところ、その数字が大きな波紋を呼んだ。なんと「病的賭博の推定有病率が、成人男性九・六％、女性が一・六％」だというのだ。

これは厚生労働科学研究費補助金（循環器疾患等生活習慣病対策総合研究事業）の中で行なわれた、「わが国における飲酒の実態ならびに飲酒に関連する生活習慣病、公衆衛生上の諸問題とその対策に関する総合研究」の分担研究報告書に示された数字である。だがこの衝撃的な結果は、マスコミで取り上げられることはあまりなかった。

「先進諸国ではだいたい一・五%から二・五%と言われているので、日本の男性九・六%とは考えられないような数字です。けれども、この数字はどういうわけかマスコミでもほとんど流通していません。どこかからの批判を恐れてか、あまり耳に入ってこないのです」と首を傾《かし》げるのは、徳島県でギャンブル依存症の治療に力を入れる藍里病院の副院長、吉田精次さんだ。

調べた限りでは、マスコミでこの結果を大きく取り上げたのはNHKのみだった。二〇一一年一一月、朝の情報番組「あさイチ」の中での女性のパチンコ依存問題特集と、翌一二月「追跡！真相ファイル」という三〇分番組の中でこの数字を紹介している。

パチンコ専門誌の『遊技通信』二〇一二年二月号には、「女性のパチンコ依存「七十五万人？」根拠薄い数字が独り歩き」という見出しで、これらのNHKの番組を批判する記事が掲載されている。そこでは、厚労省のホームページにこの数字が見当たらないこと、また、レポートではこの数字を暫定値としているほか、病的賭博に関するSOGS（サウス・オークス・ギャンブリング・スクリーン）というテストの日本語版はカットオフの基準を引き上げるべきではないかという意見も載せている、といったことなどを批判の論拠に挙げている。

本当にこの数字は「根拠が薄い」ものなのか。厚生労働省の社会・援護局障害保健福祉部に「この数字をどう考えるのか」と訊ねた。

「もちろん深刻に受け止めていますが、この研究の結果についてはさまざまな視点から分析する必要がありますので、九・六という数字が独り歩きするのは怖いなと思っています。実際に、三年に一度の患者調査において、医療機関にどのぐらい病的ギャンブラーが受診しているかというと、平成二〇年の結果は五〇〇人未満という数字が出ていますので、そのギャップをどう考えるかという問題もあります」(厚生労働省)

「数字の独り歩き」も怖いかもしれないが、それよりもきちんとした学術的調査で、こうした異様ともいえる結果が出た「事実」の方がよほど怖いことだと思うのだが、どうだろうか。それにしても「成人男性一〇〇人のうち九人」という結果と、「全国で五〇〇人未満」という数字は、乖離がありすぎる。依存症が「否認の病」であり、医療機関の受診率が低いということもあるだろう。だがこの落差は「病的賭博という病気が、広く病として認知されていない」ということも示唆しているのではないか。

病的ギャンブラーかどうかを調べるには、三つの主な検査方法がある。ひとつはGAで実施している二〇項目のチェックリスト。もうひとつはアメリカ精神医学会の精神疾患分類(DSM—Ⅳ—TR)での診断だ。

そして三つ目が前出の、世界で最も使われているSOGSの診断項目である。以下にその一二項目を掲げる(帚木蓬生著『ギャンブル依存とたたかう』新潮社より)。

①ギャンブルで負けたとき、負けた分を取り返そうとして別の日にまたギャンブルをしますか。

②ギャンブルで負けたときでも、勝っていると嘘をついたことがありますか。
③ギャンブルのために何か問題が生じたことがありますか。
④自分がしようと思った以上にギャンブルにはまったことがありますか。
⑤ギャンブルのために人から非難を受けたことがありますか。
⑥自分のギャンブル癖やその結果生じた事柄に対して、悪いなと感じたことがありますか。
⑦ギャンブルをやめようと思っても、不可能だと感じたことがありますか。
⑧ギャンブルの証拠となる券などを、家族の目に触れぬように隠したことがありますか。
⑨ギャンブルに使うお金に関して、家族と口論になったことがありますか。
⑩借りたお金をギャンブルに使ってしまい、返せなくなったことがありますか。
⑪ギャンブルのために仕事や学業をサボったことがありますか。
⑫ギャンブルに使うお金はどのようにしてつくりましたか。またどのようにして借金しましたか。

各質問に複数の回答選択肢がつき、最終的に点数を合計する。ちなみに五点以上が「病的ギャンブリング」で、三〜四点はこの先病的ギャンブリングになる可能性を秘めた「問題ギャンブリング」と診断される。

今回行なわれたのは、このSOGSの修正日本語版による調査である。分担研究の担当者は独立行政法人国立病院機構久里浜医療センター(旧・久里浜アルコール症センター)の樋口進副院長(現・院長)だ。そこで久里浜医療センターに取材依頼をしたところ、同病院の精神科医、遠山朋海さんが、詳しい話を聞かせてくれた。

「カットオフポイントは国際的に五点となっているので、日本でもその基準を取り入れ、二〇歳以上の男女七五〇〇人を調査しました。諸外国・地域と比べると韓国、香港、オーストラリア、イタリアがだいたい一%前後です。ところが日本は男性九・六%、男女合わせても四%を超え、非常に高い。実際の生活感覚として、周りに一〇〇人の男性がいて、うち九人も病的ギャンブラーがいるだろうか、ということで「日本ではカットオフポイントを高く設定すべきではないか」という議論も、一部にあることはあります。ただ結果は驚くべきものでしたが、調査方法は無作為に選んだものですし、評価項目も妥当です。(数字の独り歩きが懸念されるというが)きちんとした調査でこういう結果が出たのですから、数字の取り扱いがちゃんとできれば、大々的に公表しても構わないと思います」

また遠山さんによると、仮にカットオフポイントを六点にしても、男性が六・九%で女性が一・一%となり、これでもかなり高い。さらに高く七点をカットオフにして、男性四・四%、女性〇・九%。これでようやく諸外国並みになる、という。なぜ日本だけこれほど高いのか。

「その理由ははっきりわかっていません。この質問項目の中に、日本の社会もしくは家族のあり方で、何か特殊な要素が影響しているのかもしれませんが、今回の調査ではそこまではわかりません。ただ、よく指摘されるのは、パチンコの存在です。今回の調査でも、五点以上の人の九三％がパチンコ（パチスロを含む）をギャンブルの道具として使っています。ですから、日本はパチンコという特殊な存在があるので点数が引き上げられているのではないか、という仮説は成り立つでしょう」

では、こうした現状への対策は、どこまで進んでいるのだろうか。

「病的賭博に対して対応を始めたといえるのは、平成一九年の厚生労働科学研究からです。病的賭博に限らず、薬物やアルコール依存症に対する取り組みは、それまでは明確ではない状態でした。精神疾患としての依存症に焦点があてられることがほとんどなかったのです。ですから我々も病的賭博を含む依存症・嗜癖対策自体、手探りで始めているような状況で、実際にどういう取り組みが有効なのか、医療機関等と連携を取りながら調べているところです」（厚生労働省）

貧弱な医療体制

こうしている今も、多くの人が病的賭博で苦しんでいる。その受け皿はあまりにも少ない。現在、病的賭博を診療することのできる病院は全国で三九カ所。クリニック・診療所も三九カ所しかない。しかもこれは「自助グループへの結びつけのみ」を行なっている医療機関もすべて含めての数字である。前出の藍里病院の医師、吉田さんはこうした現状に苦言を呈する。
「ギャンブル依存のことをほとんど知らない精神科医もたくさんいます。患者さんに対し「意志が弱いから」だとか、夫のギャンブルに悩む妻に「あなたも旦那さんと一緒にやってみなさい」などと、信じられないようなアドバイスをするケースまである。そもそもギャンブル依存は、中核群となる純粋な病的ギャンブラーのほかに、サブグループとして鬱病、発達障害、統合失調などの合併型や、複数の依存症を伴うクロスアディクション型など、いくつかの型があります。治療に入る前に、それらもちゃんと見分けなければいけない。しかし病的ギャンブリングに対する治療薬がなく、診療報酬もないことから、専門的に勉強して診ようとする医師があまりに少ないのが現状です」

公的な医療機関のほかには、病的ギャンブリング関連相談室・カウンセリングルームが全国で一一カ所。またGAやギャマノンなどの全国的自助グループのほかに、回復支援施設としてワンデーポート、ヌジュミ(女性専用)、ホームカミング、セレニティパークジャパン、また、認定NPOとして電話相談事業を行なうリカバリーサポート・ネットワークなどがある。このうちリカバリーサポート・ネットワークは全日本遊技事業協同組合連合会の支援で設立され、ワンデーポートもパチンコ業界から寄付を受けて活動している。

第3章　日本のギャンブル事情

それでもパチンコはギャンブルではない？

ＧＡでは約八割が「はまったギャンブルの種目」としてパチンコ・パチスロを挙げている（二〇〇八年、ＧＡサーベイ予備的報告より）。また前章で触れた調査でも、病的ギャンブラーと推定される回答者の九三％がパチンコ・パチスロをギャンブルの道具として使っているという結果が出た。現在の日本におけるギャンブル問題は「パチンコ問題」と言い換えても、あながち間違いではなさそうだ。

ここまで見てきたようなさまざまな弊害と深刻な状況がありながら、いまだにギャンブル依存への一般の認識は浅く、対策も進んでいない。その大きな背因のひとつに「パチンコは日本でギャンブルとは認められていない」という事実がある。

日本では特別法で認められた公営ギャンブル等を除き、刑法で賭博を禁じている。しかしパチンコは「賭博」ではなく「風俗営業等の規制及び業務の適正化等に関する法律」（通称「風営法」または「風適法」）に基づいて、都道府県公安委員会が営業を許可する「遊技」とされているのだ。

刑法　第二編第二三章　賭博及び富くじに関する罪

第一八五条（賭博）
賭博をした者は、五十万円以下の罰金又は科料に処する。ただし、一時の娯楽に供する物を賭けたにとどまるときは、この限りでない。

第一八六条（常習賭博及び賭博場開張等図利）
1　常習として賭博をした者は、三年以下の懲役に処する。
2　賭博場を開張し、又は博徒を結合して利益を図った者は、三月以上五年以下の懲役に処する。

「遊技」とは何か。広辞苑を引くと「遊びのわざ。遊芸のわざ」と出ている。一方「賭博」は「金銭・品物を賭けて勝負を争う遊戯」とある。

一発ずつ自分の手でハンドルを動かして玉をはじき、景品の缶詰やチョコレートを喜んで持って帰った〝三丁目の夕日〟のような時代には、たしかにパチンコも遊技だっただろう。だが現在のように、ハンドルを握って力加減を少し調節するだけで、連勝すれば一〇万円以上、大負けすれば同じような金額をあっという間に得たり失ったりするような遊びが、ギャンブルでなくて何だというのか。最近は一円パチンコなどの低玉貸しも定着してきたとはいえ、基本的な部分で「景品を現金に換える」というシステムは変わっていない。

パチンコは昭和の初め、子どもの遊びだった。その後一九四九年の「正村ゲージ」誕生によってパチンコ台の進化が始まり、単発式から連動式へと発展。やがて電動式となり、フィーバー機が登場する。その後現金連チャン機やＣＲ機が普及し、パチスロ爆裂機の問題が起きる……。こうして、戦後の焼け跡で生まれた「庶民の遊び」は、超巨大レジャー産業へと変化を遂げていった。

パチンコ通史の名著『パチンコの歴史』（晩聲社）を書いたジャーナリストの溝上憲文さんは、このように語る。

「かつてのブームの時には、パチンコのせいで家庭崩壊する「パチンコ離婚」という言葉までありました。行き過ぎた射幸性は、規制しなくては大変な悪影響を社会に及ぼします。隆盛になれば悲劇が起き、規制が強まり、しかしまた産業を盛り返す手段が生まれ、射幸心が煽《あお》られる。その繰り返しですね。ギャンブルというのはそういう宿命を持っているのです。いくら最初の牧歌的なパチンコのような形が健全な遊技として理想的だと思っても、結局誰かがその中にさらなるビジネスチャンスを見出し、欲望で突っ走っていく。儲かるとわかっていながら「やらない」

ということが、人間にはなかなかできない」

元凶は警察の天下り

それにしても、なぜ「賭けごと」が「賭けごとではない」ことにされているのだろうか。それは日本独自の「三店方式」と呼ばれる不思議なからくりがあるからだ。

パチンコで勝った客は、出玉を、プラスチックケースに密閉されたライター石やペンダント、金地金などの「特殊景品」に交換する。客は特殊景品をパチンコホールの近くにある景品交換所で換金する。特殊景品は景品交換所から景品問屋へ買いとられて、またパチンコホールへ卸される。つまり三店とは、ホール、景品交換所、景品問屋のこと。ホールと景品交換所は無関係という建前で、これによってパチンコは「賭博」にあたらない、という図式を作っている。

「パチンコ業界では、三店方式を採用している限り、取り締まられることはないと信じている人が多い。しかし警察庁が「三店方式は合法である」と言ったことは過去に一度もありません。「ただちに違法となるものではない」と繰り返すだけです」というのは、警察の腐敗を追及するジャーナリストの寺澤有さんだ。

つまり警察は実質上、三店方式を〝目こぼし〟しているということになる。それは、なぜか。ホールの営業許可は都道府県公安委員会の担当で、その取り締まりは各警察署が行なう。そしてパチンコ台の型式試験をする一般財団法人・保安電子通信技術協会（保通協）や、全日本遊技事業協同組合連合会（全日遊連）などの業界団体をはじめ、ホール、カード会社、景品交換所、景品問屋ほかパチンコ業界各所へは、数多くの警察出身者が天下りしている。

前出の寺澤さんは、団塊世代の定年で、年に一万人前後の警官の退職が一〇年以上続く「警察の二〇〇七年問題」を、かねて指摘していた。

「パチンコは、震災以降とくにバッシングなども強く、危機に立たされている。合法であるとは明言していないのだから、将来的には警察がパチンコを手じまいする可能性もあります。ただ警察としては、二〇〇七年問題が終わるまでは何とかもたせたい。そのためには適切な指導とか改革をしている姿勢をアピールしないといけないということで、広告規制の締め付けを強くしたり、「エコ・パチ」と呼ばれる封入式を導入しようとしたり、いろいろ目新しいことをやっているのでしょう」

特殊景品

次世代のパチンコと言われる「ECO遊技機」は、これまで「封入式」と呼ばれていたように、一台の機械の中で一定数の玉が循環して、出玉や戻り玉はデジタル表示となる。これによって不正対策やエコ対策ができ、労働力も軽減されてサービスに力を入れられるというのが、導入の目的とされている。

実際のところはわからないが、仕組みを聞いた範囲ではユーザーに特にメリットは感じられない。だが、このシステムでは従来の「貸玉金額(売り上げ)管理」に加え、「セキュリティ管理」「機歴管理」にも、第三者管理方式の導入が想定されている。

「つまり新しいしくみができれば、それだけ天下り団体が増えるということ」と、寺澤さん。

ある中小パチンコ店の経営者は、こんなふうに呟く。

「パチンコの機械自体にも、ギャンブル性が高いかどうかということで保通協さんからの指導が入るんですが、そこにはみんな警察からの天下りが来ているわけです。そういうこともあわせて議論しないで、パチンコはダメだというだけでは、パチンコ業者いじめに過ぎない。依存症の問題にしたって、じゃあそんな病人を作るような商売を、なんで国が認めるんですか。一方では許可を出しておいて、一方では抑えろというのは、おかしくはないですか」

今回、筆者は警察庁生活安全局保安課に質問状を送っている。いくつかの質問項目の中でも、特に聞きたかったのは「換金の違法性」についてだ。

——いわゆる「三店方式」は違法なのか、合法なのか。もし「直ちに違法ではない」という回答であれば、なぜ「直ちに」という但し書きがつくのか。その理由をお答えください。

この質問に対する回答は以下のようなものだった。

「(前略)ぱちんこ営業所において賞品を獲得した客が、営業所外のいわゆる賞品買い取り所において、該当賞品を換金することがありますが、風俗営業等の規制及び業務の適正化等に関する法律(昭和二三年法律第一二二号。以下、「風営法」といいます)においては、ぱちんこ営業者が客に提供した賞品を買い取ることを禁止しているものの、第三者が客から賞品を買い取ることを禁止しているわけではありません。したがって、ぱちんこ営業者と関係のない第三者が客から賞品を買い取ることは、直ちに違法となるものではないと認識しております。

他方、ぱちんこ営業者が直接に賞品を買い取るものではない場合においても、ぱちんこ営業者と同一とみなし得る者が賞品を買い取る場合については、実質的にぱちんこ営業者が現金等を賞品として提供することや、客に提供した賞品を買い取ることになり、風営法違反として取り締まりの対象になります。(後略)」

つまり「自家買い」や、景品買取所に「買い取らせ」行為をしていない限り、たとえパチンコ店の敷地内に換金所があろうとも、「遊技」で得た賞品を「換金」するのを認める、ということのようだ。

業界大手のダイナムが香港証券取引所に上場

二〇一二年のパチンコ業界の大きな話題といえば、何といっても大手のパチンコホール経営企業、ダイナムジャパンホールディングス（以下ダイナム）が、香港証券取引所に上場したことだろう。

これまで株式上場は大手パチンコホールの悲願だったが、果たすことができなかった。そこで海外に目を移し、最終的に二〇一二年の八月に香港での上場が認められた。パチンコ業界は「これで三店方式には違法性がないと証明された」と沸き立った。

だが、二〇一二年七月三〇日付の日本経済新聞では、以下のように報じられている。

（前略）これまでパチンコの景品交換の仕組みが適法かどうか懸念があるという理由などから、ホール運営会社が上場承認された例はない。グレーゾーンとみられてきたが、今回、日本の弁護士が「違法性はない」とする意見書を提出し、法務関係者に驚きが広がっている。（中略）目論見書では二〇ページにわたって日本の法規制を説明。（中略）根拠も列挙された。例えば、風営法の範囲内での景品提供は刑法の賭博に当たらないとした一九五三年の最高裁判決の一文や、自分のホールから出た景品がそのまま戻ってくるのでなければ違法ではないとした六八年の福岡高裁判決などだ。

ただ最高裁判決はパチンコではなく「色合わせ」と呼ばれる射的が賭博とされた事件の判決。福岡高裁判決も、三店方式の一部分に対し、風営法に基づく条例の解釈を示したに過ぎない。

つまり「パチンコは賭博でない」「三店方式は合法」とする明確な法的根拠はなく、パチンコホール運営は数少ない判例と法律運用の合わせ技で「直ちに違法とはいえない」というグレーゾーンに置かれている

この見解について、依存症問題対策全国会議の事務局長である弁護士の吉田哲也さんに話を聞いた。

「判例の解説については基本的に日経が正しいと思いますが、私は三店方式はグレーではなく、明確に違法だと思っています。判例の前者は色合わせと称する遊技営業について「賭博」該当性を論じたものであり、後者は風営法(施行条例)違反の有無を論じたものであって、いずれもパチンコの賭博罪該当性を論じたものではありません」

ただし前者の判例では「営業者と客とが偶然の勝負によって財物を賭けるという性質を帯びている」が、「公安委員会が特に許可した理由は、その方法にいくつかの制限を設けこの条件の範囲内において行うならば一時の娯楽に供する物を賭ける場合にあたると認めたもの」であり、「そのように認めたことに違法はない」としている部分を指して、

「この判示に規範性があるかどうかは疑問ですが、この理論でいくと公安委員会が許可した条件の範囲内であれば賭博にあたらない、ともなりそうです。しかし判例は昭和二〇年代のもので

あり、先例的価値はないと言えるでしょう。結論としては、現在に至るまで、裁判所はパチンコの賭博罪該当性については、まだ何ら判断を示していないということです。警察、検察が摘発しないから、裁判所も判断のしようがありません」

では今回の上場について、警察庁はどう考えているのだろうか。パチンコ業界誌の記事のなかに、こんな一節を見つけた。ダイナムの代表執行役社長、佐藤洋治さんが上場の際のインタビューに答えて、次のように語っている。

「（前略）二〇一〇年に香港証券取引所のルールが変わり、欧米や日本など二〇カ国に門戸が開放されました。さらには二〇〇二年に警察庁が示した「ホールの上場は個別企業の問題であるが、審査を通過し上場企業が出るのであれば、業界の健全化に寄与する素晴らしいことである」というスタンスも変わっていません。これらの環境がうまくかみ合って上場できました。これはまさしくパチンコホール企業がパブリックカンパニーとして社会へ出る時という「天の声」なのだと確信しています」（PiDEA　二〇一二年九月号より）

続いて、この結果を受けて「日本の証券市場も変わらざるを得ないだろう。一、二年後には日本でもホールの上場企業が出るのではないか」と期待を込めて語ったとされている。

大阪の街中を走るパチンコ電車

前出の吉田弁護士は、現状をまねいたのは警察だけでなくマスコミにも責任があると指摘する。

「いまやマスコミは、パチンコ店やメーカーからの広告収入にかなり依存しています。特に地方では経済の落ち込みを反映してか、その傾向がいっそうはっきりしています。ある地方新聞では、パチンコ関連の広告収入が全体の半分を超えると聞きました。民放もさかんにCMを打っている。だからパチンコの依存問題やパチンコ業界の問題を書く新聞は、被害の深刻さに比べれば、ほとんどと言っていいほどありません。政財官、それにマスコミが固く結びついて癒着しているから、批判的な世論が存在しないような印象になる。そういう意味ではマスコミ、特に大新聞の罪は重いと思います」

震災以降に一時、パチンコ批判が注目されたが、それは主にインターネットや一部の書籍を中心にしてのこと。あるいは石原慎太郎前東京都知事の反パチンコ発言にからめて取り上げられただけで、きちんと問題の本質にまで踏み込んで議論や批判をした大手新聞の記事は、ほとんどなかった。唯一、毎日新聞が「被災地でパチンコ店がはやるワケ」というタイトルで、被災地の現状報告と依存症について触れた特集記事(二〇一一年二月二日付)で問題提起したのが目についたぐらいだ。

ただ、前にも寺澤さんが指摘したとおり、パチンコ店の宣伝広告自体には、東日本大震災以降ことに警察の目が厳しくなっている。いかにも玉を出しそうな表現を抑えるなど、ホール側もかなり神経を使っている様子がみてとれる。

しかしその反動なのかはわからないが、いま、驚くような光景が大阪の街で目につく。公共交通機関に、パチンコ店の広告が全面的にボディに描かれた「ラッピング車輛」があちらこちらで走っているのだ。

そのことに気がついて、行政や鉄道会社に抗議を繰り返してきたのは、ギャンブル依存症の人たちを支援する市民団体のメンバー、Kさんだ。消費者センターの相談員をしているKさんは、仕事がら借金や多重債務、貧困問題などに関心を持ち、その陰にパチンコの存在が見え隠れすることに気がついた。そこで依存症問題に関する勉強を始めたところ、その深刻さ、根の深さに、暗然たる気持ちになったという。そんなとき彼女の目の前を、大型チェーンパチンコ店の名前を一面に大書した電車が走っていった。

Kさんが最初に見たのは、大手パチンコ企業「マルハン」のラッピング車輛が走る大阪市営地下鉄の御堂筋線と、同「アローズ」の、大阪府の第三セクターが運営する泉北高速鉄道だ。

「いくら依存症になった人たちを支援したところで、次々と新しい人が現れます。蛇口から出て来た水を受けるよりも、水道の栓の部分を閉めなければ、問題は解決しない。特にこれは公共の交通機関ですから、どうしても目に入り、テレビのように消すことはできません。依存症から立ち直ろうとしている人の足を引っ張っているし、まさしく被害者を増やしている。それに私には小さな子どもがいるので、本当に気にかかるのです。子どもがマンガキャラクターのラッピング電車を見て「可愛い」と喜ぶ延長線上で、アローズの電車を見て「あれ、なあに？」と聞いてきて、なんと答えたらいいのか迷いました。派手な広告にさらされ続けた子どもたちが、知らず知らずのうちにパチンコへの関心をもってしまうことにもつながる恐れがあります」

大阪市交通局は市民からの複数の苦情を受けて、二〇一一年四月から市営地下鉄のパチンコのラッピング広告の「新規契約」を取りやめた。しかしマルハンの広告は、同社が打ち切るなどしない限り毎年自動更新され、現在の車輌が廃車になるまで続く。ちなみに広告料は年間約二五〇〇万円だという。

一方、泉北高速鉄道からは、Kさんに口頭で「パチンコは大衆的な娯楽と認識しており、問題はないと考えます。なお、当初二年契約で、その後は一年ごとの更新となっており、先日更新をしたところです」との回答があったという。

いまのところラッピング広告に対する公共交通機関の対応は二つに分かれているようだ。たとえば東京の都営地下鉄では、「地下鉄は未成年者も利用するし、射幸心をあおる可能性もある」との理由で、二〇〇八年からパチンコ業者との契約を内部基準で禁止している。

だが全体的に見れば、パチンコのラッピング広告は増える一方だ。現在、大阪府では市営地下鉄と泉北高速鉄道のほか、阪堺電気軌道、大阪モノレール、南海バスなどで確認されている。そのほか、高知の土佐電鉄の路面電車でもラッピング車輌が走っている。

日本は世界に冠たるギャンブル大国

これまでパチンコという日本の特殊な〝実質上〟ギャンブルについて見てきたが、海外の事情はどうなっているのだろうか。

日本の状況と比較する形でよく紹介されるのが、パチンコと類似した韓国のメダルチギという遊技が全廃されたニュースだ。最盛期には店舗も一万五〇〇〇軒存在し、売上高は日本円で約三兆円にのぼっていたが、二〇〇六年に換金行為が禁止された。メダルチギは日本のパチンコ台などを改造したもので、一万ウォンを入れるとメダルが出てきて、それが落ちると液晶画面のリーチがかかり、当たれば商品券が出てくる仕組みだったという。メダルチギの廃止問題については、近年、複数のギャンブル批判本を出して注目されているジャーナリスト、若宮健さんが『なぜ韓国は、パチンコを全廃できたのか』(祥伝社新書)で、現地をレポートしながら日本と比較している。

これに対してパチンコ問題に詳しいジャーナリストのPOKKA吉田さんは、二〇一一年六月七日付の朝日新聞とのインタビューの中で、メダルチギは日本のパチンコとは性質的に別物とした上で、「韓国政府が良心的な政策判断をして廃止したのではない。盧武鉉《ノムヒョン》・前大統領の親族がメダルチギをめぐる許認可にかかわったとされる疑獄事件が主な原因です。韓国がメダルチギを全廃したことと、パチンコと何の関係があるのですか」と発言している。

これを受けて、若宮さんは新たに自著の中で、こう反論する。

「(全廃は疑獄事件などの)政治的混乱だけでなく、もともと犯罪の多発などメダルチギは深刻な社会問題として国民の大きな不安を集めていたのである。それは二〇〇六年の全廃決定の際に、当時の韓明淑《ハンミョンスク》首相が国民に対する談話として発言した「射幸性の高いゲーム機が全国に拡大し、庶民の生活と経済に深刻な被害をもたらした。深くお詫びする」という言葉にも表れている」(『パチンコに日本人は二〇年で五四〇兆円使った』幻冬舎新書)。

ところで、パチンコやメダルチギのようなゲーム機は、世界にどのぐらいあるのか。

オーストラリアのGaming Technologies Associationがまとめた『世界におけるゲーミングマシーンの数量・2011(The World Count of Gaming Machines 2011)』によると、二〇一一年の全世界のゲーミングマシーンの数は七〇一万一〇〇〇台。そのうち日本のゲーム機の数は約六〇%の四二一万一〇〇〇台となっている。二位で八六万二〇〇〇台のアメリカを大きく引き離して、断トツの一位だ。

ちなみに、ここでいうゲーミングマシーンとは、機械的なものにせよ、電子的なものにせよ、ゲームをする目的に使われ、そのゲームで受けるリスクよりも大きな潜在的なリターンを利用者に提供する機械のことをさす。スロット－カジノタイプ、ビデオロッタリーターミナル、パチンコ・パチスロなどがこれに含まれる。

また機械一台あたりの人数は、一位セントマーチン（一台あたり一一人）、二位モナコ（同・一三人）、三位が日本（同・三〇人）。

つまり日本は、カリブ海に浮かぶ仏・蘭領のリゾートアイランドであるセントマーチン島や、カジノで有名な世界で二番目に小さい国家モナコに次いで多い、国民三〇人に一台の割合でゲーミングマシーンがひしめいているということだ。

さらにそれに加え、複数の公営ギャンブルまで存在しているのはご存じの通り。

四つの公営競技と二つの公営くじはそれぞれ管轄官庁が違い、競馬（農林水産省）、競艇（国土交通省）、競輪（経済産業省）、オートレース（経済産業省）、スポーツ振興くじ（文部科学省）、宝くじ（総務省）となっている。公営競技は一九九一年をピークに衰退の一途をたどり、現在は赤字にあえぐ所も多いというが、それでも二〇一一年の公営ギャンブルすべての売り上げが合計で五兆一六〇〇億円。パチンコと合わせると約二四兆円だ。

大阪の橋下徹市長は、大阪府知事時代の二〇一〇年一〇月、カジノの合法化をめざす国会議員らを招いた「ギャンブリング＊ゲーミング学会」に出席し、「日本はギャンブルを遠ざけるゆえ、坊ちゃんの国になった。小さいころからギャンブルをしっかり積み重ね、全国民を勝負師にするためにも、カジノ法案を通して下さい」と議員らにカジノ合法化を求め、「増税よりカジノ。収益の一部は教育、福祉、医療に回す。隣の兵庫県知事が反対しても無視。わいざつなものは全部大阪が引き受ける」と、驚くべき発言をした(二〇一〇年一〇月二九日付、朝日新聞大阪版より)。

また、カジノ推進派の議員などからも「先進諸国でカジノがないのは日本ぐらい」という声が上がっている。

しかし日本にはパチンコという小カジノが一万軒以上街中に乱立し、世界のゲーミングマシーンの六割以上があり、さらに六種類の公営ギャンブルが存在する。その結果、成人男性の九・四%、成人女性の一・六%が病的ギャンブラーの疑いがあるとされているのだ。

——「坊ちゃんの国」などではない。日本はすでに、世界に冠たる「ギャンブル大国」ではないか。

第4章　カジノが日本にできる日

幻想の復興カジノ構想

景気の影響を受けて斜陽気味とはいえ、すでに日本のギャンブル市場は飽和状態だ。そのうえにカジノを建設するという構想が、もう何年も前から浮かんでは消え、浮かんでは消えしている。カジノ構想に関しては東日本大震災の直後しばらくの間は、実際に復興財源として一時期注目され、「いよいよか」と、これまでになく活気づいたことがあった。第1章で触れたように、東北の被災地にカジノを作るという動きまであったのだ。

この章では「どのようにカジノは地域に入り込もうとするか」を検証するためのケースとして、『世界』二〇一二年六月号に書いた記事を要約した上で筆を加えた。

＊

二〇一二年三月。津波にあらわれた仙台空港の周辺には、仙台平野の広大な更地が続いていた。どこまで行っても何もない。ときおり道路の脇に小さな船が横腹を見せて転がっているのが目に入る。

「カジノ候補地は、はっきり特定されていませんが、おそらくこの辺だろうと言われていました」と、同行の名取市議会議員、小野寺美穂さんがクルマを停めて指差した。

カジノの合法化を目指しているのは「ＩＲ議連」(国際観光産業振興議員連盟＝通称「カジノ議連」)。会長を務める民主党の古賀一成衆議院議員(当時)以下、民主・自民党を中心とした超党派の議員連盟で、メンバーは一五〇人あまり。

カジノ議連は震災前の二〇一一年初頭に、「カジノ運営について、国際観光を誘致する観点から賭博罪の適用除外を検討すべき」との方向性を明確に打ち出していた。つまり経済の活性化のために、カジノを刑法で罰せられる「賭博」の対象から外そうということだ。

その二カ月後、東日本大震災が起きた。すると看板を「国際観光」から「復興」にかけかえ、議員立法による法案提出の動きが急きょ高まる。カジノ候補地としては、東京、沖縄、そして被災地の名が挙がり、新聞や雑誌に「仙台に復興カジノ構想」「カジノ収益を復興財源に」という見出しが躍った。

同時に被災地では同年五月ごろから、名取市のある地区を中心にして「被災地へのカジノ誘致」に向けた動きが始まっていた。呼びかけたのは仙台空港に近い北釜地区の住民を中心にした「名取市東部震災復興の会」だ。会では「仙台エアポートリゾート構想」と名付けたカジノ誘致の署名を集め、八月に名取市議会へ請願、九月に宮城県の村井嘉浩知事へ「カジノを含む国際観光拠点の誘致支援」を要請した。また同年、議員会館でIR議連の古賀会長をはじめ、宮城県出身の衆参両院議員ら三〇人に対して陳情を行なった。ところが名取市議会への請願は、二カ月後に突然「都合により」の一言で取り下げられてしまう。

一二月の参議院予算委員会で大門実紀史議員(共産党)が、この問題を取り上げている。

大門議員は「復興支援のための被災地カジノ構想」について、「市民からは、現地の惨状につけこむ卑劣な行為、被災地を食い物にするな、と反対世論が巻き起こっている」と指摘。またカジノ解禁を求める背後にはパチンコ業界の存在もあり、業界の「政治分野アドバイザー」に野田佳彦内閣(当時)の現職大臣五人が名を連ねていたことなども追及した。

「政治がなすべきは賭博場を作ることではなく、被災地の仕事と暮らしの再建をまっすぐに支援することではないか」と詰め寄る大門議員に、野田総理は「カジノ解禁について、政府としては検討するつもりはない」と回答。これにより被災地復興カジノの話は煙のように消えた。

予算委員会の前に名取市民と直接会ってきた、という大門議員から話を聞いた。

「署名数が一万を超したと聞いて驚き、現地へ行きました。本当に皆さんはカジノが欲しいのですかと直接伺ったのです。その結果わかったのは、カジノ誘致の話は津波被害を受けたある地域の土地を所有する一部の人たちが強く要望しているもので、名取市民全体には話そのものが知られていないとのこと。また、津波で何もかも失い途方に暮れていた人々に、ある外部の人間から突然に賭博場の話が持ち込まれたということもわかりました。しかも最初は露骨な利権がらみの話で、パチンコ関係者の影もちらついていたようです」

なぜカジノの話にパチンコ関係者がからんでくるのか。

「カジノに必要なスロットなどの機械類のノウハウを持っているのはパチンコの遊技機メーカーです。またカジノ法案が通るのを機に、パチンコ換金の合法化をもくろむ動きがある。その裏にはパチンコホールの株式上場の狙いも隠されている。いろいろな形で、パチンコ業界とカジノは繋がっているのです」と大門議員。

かねてマスコミでも、政界とパチンコ業界の癒着は取り上げられてきた。業界の政治分野アドバイザーに名を連ねる議員も多い。その中でもパチンコ換金の合法化に熱心だと言われているのが、民主党の娯楽産業健全育成研究会である。会長は、カジノ議連の会長でもある古賀一成議員(当時)がつとめる。古賀氏はかつて、パチンコ業界誌のインタビューに答えて「カジノとパチンコ法制化は同時のタイミングが望ましい」と発言している。

必ずしも「パチンコ換金合法化推進」＝「カジノ推進」という単純図式ではないが、いわゆる「カジノ議員」と「パチンコ議員」は重なる部分もある。

またパチンコ業界も一枚岩というわけではない。株式上場が長年の悲願だったホールの大手チェーンと、世間の目や警察の指導が厳しくなるからなどの理由で、上場を望まない中小ホールの経営者など、立場によって意見も分かれている。カジノに対する業界内の思惑もさまざまだ。

だがいずれにせよ、ギャンブルに絡む巨大利権を求めて、カジノ解禁をめぐる動きが複雑な様相を見せつつ進んでいることは間違いない。

チンゲン菜かカジノか

では被災地で一万二〇〇〇筆もの署名があったという「カジノを望む住民たち」は、どこへ行ってしまったのか。そしてなぜ突然に請願を取り下げたのだろうか。

冒頭の小野寺さんと、カジノ予定地と考えられた場所を歩きながら、話を聞いた。

「昔このあたりは非常に貧しい土地だったのですが、チンゲン菜やハウスメロン栽培を始めて、やっと生活が豊かになった。それを津波が一瞬にして押し流してしまいました。そこにカジノの話がつけこんできたのです。住民の方が「国が何もやってくれないから、おれたちはこんな話にでもすがるしかないんだ」と言って請願に来られたときは、悔しくて、悲しくて、涙が止まりませんでした」と、小野寺さん。

それにしても、短期間に署名が一万も集まったことに関しては疑問が残ったという。

「私は三月から毎日のように避難所や仮設住宅に通ってきました。カジノの話が出始めたのは五月ごろ。避難所ではまだ明日のカップラーメンの心配をしながらキャンプ用のマットを運んでいたような時期です。そんなときに、地元の人たちが考えつくようなこととは思えません。一万もの署名が集まったというわりには、カジノなんていう話はだれからも聞きませんでした。しかも「個人情報だから」と言って、議会に出された請願に署名がついていなかった。おかしいと思って何人かに確かめてみると、「体育館に避難しているときに復興なんとかという署名が回って来たけど、あれがカジノ？」という程度の認識でした。実際にあのときは、ほとんどの人はそれどころではなかったのです」

この、できすぎたカジノ構想や署名活動は、被災した人たち自身が、それも震災後のわずかな時間のうちに発想し、実行できるようなものだろうか。

現地でカジノ招致運動の中心になったという「名取市東部震災復興の会」に取材を申し込むと、「カジノについてはもうお話しすることがありません」と断られたが、次のように説明してくれた。

「はじめはいろんな人がやってきて、わしらは何も分からずに「土地が売れるなら」と考え始めた。だが時間が経っても何も進まない。そこへやっと農業の復興の話が動き始めた。この辺はもともとチンゲン菜農家がほとんどなんです。今はもう前のようにチンゲン菜を再生して復興していこうと、みんな頭を切り替えているんです」

請願の紹介議員だった山田龍太郎さんは、前後の事情をこう説明する。

「二、三年前から一部ではカジノの話もあって、何となく温めていた話ではあったのです。それが震災後、いろんな人が復興案を掲げて入ってきた。しかしこの件は結局、市議会での話し合いも不調に終わったし、法案も成立しないので、地元での熱が冷めてしまった。正直なところ、大王製紙の事件の影響もありました。いろいろと時期尚早であったということで、また別な動きが出てくるまで待とうということになったのです」

大王製紙の事件とは、創業家経営者である井川意高《もとたか》氏（前会長）が、カジノの負債返済などに充てるため、大王製紙の子会社から計五五億三〇〇〇万円を無担保で借り入れ、損害を与えたとして、会社法違反（特別背任）に問われた事件だ。これにより井川氏は東京地裁で懲役四年の判決を受けている（控訴中）。

ところで「名取市東部震災復興の会」には「東京連絡事務所」がある。調べてみると、特定非営利活動法人「日本ＰＦＩ・ＰＰＰ協会」という団体に置かれている。ＰＦＩはプライベート・ファイナンス・イニシアティブ。ＰＰＰはパブリック・プライベート・パートナーシップで、公共施設等の建設・運営や、国や地方自治体が提供してきた公共サービスに民間資金やサービスを取り入れることを指す。公共事業と民間を繋ぐこの協会は、以前よりカジノ推進を訴えており、「カジノを求める地元の相談役と窓口になった」ということだった。

日本ＰＦＩ・ＰＰＰ協会の理事長、植田和男さんに、請願取り下げのいきさつを聞いた。

「もともと被災者救済のための構想です。海水をかぶって利用法も資産価値もなくなってしまった土地を少しでも高く買い上げてもらい、生活再建に役立てたいと。しかもカジノに付随して、ホテルなど様々な施設ができれば、大きな雇用も見込める。我々も法案が通ると思って話を進めていたのですが、土壇場になり法案が基本法案と実施法案の二段構えで提出されることになってしまった。すると実際にカジノができるまで最低でも五年はかかってしまう。現在困っている被災者の方を救うという目的でしたので、そんなわけもあって請願を取り下げたのです」

だが、前出の小野寺さんは「被災地カジノはもともと、復興を名目にしてカジノ法案を通すだけが目的ではなかったのか」と、疑問を呈する。

「よそから来た人たちは、本当に名取にカジノを作ろうと考えていたのでしょうか。福島から近いということもあるし、どう考えても名取のような小さな町で「カジノでセレブをおもてなし」という案はちぐはぐな気がします。現地の雇用と言うけれど、世界のセレブを相手に仕事をするためには、英語はおろか、中国語、アラビア語なども必要でしょう。いままでこの地に根差して農業や漁業に従事してきた被災者の方たちが、本当に心から望んで働けるような雇用が、カジノで創出できるとは思えません」

日本にカジノは必要か?

被災地カジノ構想の話に、「ギャンブルで人の心が立ち直ることは決してありません」と首を横に振るのは、沖縄選出の参議院議員、糸数慶子さんだ。

「沖縄では返還後から今に至るまで、繰り返しカジノの話が現れては消えてきました。しかし沖縄が戦後の悲惨な状況から立ち直ることができたのは、賭けごとなどではなく、沖縄の歌と踊りのおかげです。敗戦後にある有名な歯医者さんが「沖縄の人に娯楽を」と、三線《さんしん》を抱えてバラックを一軒一軒回りました。「笑え、歌え、そして助かった命のお祝いをしましょう」と。やがて芝居小屋ができ、四つの劇団ができて、歌と踊りと芝居とが沖縄の全土から離島にまで広がり、人々の心の復興に繫がっていったのです」

糸数議員はアジア、ヨーロッパ、アメリカ、オーストラリアと、世界中のカジノを視察し、日本のどこにもカジノを作るべきではないとの結論に改めて達した。

「特にアメリカ、アジア諸国のカジノでは、本当に悲惨な状況を多く見ました。ホームレスになったり、乗ってきたクルマを売ったり、女性であれば再びカジノに戻るために売春をしたり。ディーラーの方にも依存症になる人がたくさんいる。とにかく、もし仮にカジノに経済効果があるとしても、それと比較して、リスクがあまりに大き過ぎるのです」

「猥雑なものはすべて大阪で引き受ける」と胸を張った橋下徹前大阪府知事や、お台場にカジノをと早くからアプローチしていた石原慎太郎前都知事のように、地元の経済活性化にと、カジノ誘致に手を挙げる自治体はいくつもある。

カジノを推進する人々は必ず「雇用と地元経済の活性化」を説くが、果たして本当なのか。

韓国では、韓国人が唯一入場できるカジノ「江原ランド」のある地域で、オープンした二〇〇〇年から犯罪率が急増、自殺率も全国平均の一・八倍になった。そこで政府は依存症治療の施設を置くなど、大々的な対策に取り組んでいる。さらに韓国ではギャンブル産業の売上高が二〇〇九年に一六・六兆ウォンになったが、家庭崩壊や労働意識の低下で、社会全体で六〇兆ウォンの損失が生まれたという試算があると、二〇一一年一一月に日本の「全国クレサラ・ヤミ金被害者交流会」に招かれた韓国の国家ゲーミング（ギャンブル）産業統合監視委員会の金聖一《キムソンイ》委員長（当時）が特別講演の中で報告している。

前出の大谷大学教授、滝口さんは、「二〇〇〇年以降の欧米の研究では、「少なくともカジノは地元経済の成長につながるわけではない」という一貫した結果が出ています。最初は効果があっても、長期的に見ればそれが薄れていく。例外もありますが、赤字のカジノも多い」と疑問符をつけ、次のように指摘する。

「カジノが引き起こす社会問題によって発生するコストも問題なのですが、潜在化するので非常に算出しにくい。なぜ潜在化するかと言うと、家族が必死になって尻拭いするからです。家庭内窃盗、家庭内振り込め詐欺は、数字としては外に現れません。そして問題を何年も抱え込む。さらに家族が受ける被害、たとえば奥さんが鬱になる、子どもがひきこもりになったり、問題行動を起こす。問題ギャンブラーには付随してそういうことが起こり得るのですが、それは当面のコストとしては含まれていないのです」

同じように前出の溝上さんも、カジノによる地元活性化にはいささか懐疑的だ。

「石原さん(前都知事)も結構言っていたことですが、違法カジノが相当地下にもぐっている。それを表面に上げるだけでも、経済効果があると。だけどそんなもので経済を活性化しても、健全な経済になるのでしょうか。お金を動かすだけでは、金融バブルと変わらない。カジノでお金を吸い上げ、それを使って地場産業が育つのならいいのですが、そうはならずにカジノ経済になって、またカジノに還《かえ》ってしまうのではないでしょうか」

被災地は日本の縮図

それにしても、いつから日本はこんなギャンブル大国になってしまったのだろうか。

「実は、これほどギャンブルが日本にはびこるようになったのは戦後のことです。我が国初の賭博に対する禁止令が七五四年、奈良の大仏ができた二年後でした。その後の歴史を振り返っても、今ほど国のギャンブルに対する取り締まり、考え方が無策な時代はありません」というのは、前出の帚木蓬生さんだ。

古くは八世紀の「双六禁断の法」から、室町幕府の「建武式目」、戦国時代には長宗我部元親・盛親の「長宗我部氏掟書《おきてがき》」や武田信玄の「甲州法度」、江戸時代の「博打禁止の法度」、明治政府の「賭博犯処分規則」――いつの時代にも、賭博に対する非常に厳しい禁止令があったという。

「つまりギャンブリング行為はアヘンやコカイン同様、簡単に嗜癖に陥り、個人や社会を深くむしばむということを、我が国の為政者は古くから見抜いていた。ところが今の日本はパチンコに公営ギャンブルが六つと野放し状態の上、カジノだなどと言っている。カジノを作るのに何兆円が動くのか知りませんが、目先の経済効果だけを追い求めて、国が腐っていく。本来は汗水をたらして誠実に働く国民を作るのが、政治の本来の仕事なのに、それがいかに経済よりも大事なことなのか、わかっていないのです」と、帚木さんは言う。

そして、その無策を暴きだしたのが、東日本震災と原発事故だった。

何もかも失った被災者が、仮設住宅に隣接するパチンコ店に通い詰め、のめり込む。まっとうな復旧を待つ被災者が、地元目線ではない「復興カジノ」に振り回される。

取材していて何度も、ギャンブルと原発問題はどこか似ていると感じた。

誰もが内心その危険性を認めながらも、積極的な対策を打たないできた。産業の膨大な利権を政治家や警察が守る。多くの学者や専門家は現実から目をそらす。スポンサーにおもねたマスコミは真実を伝えない。そして最終的に、人の命や暮らしよりも、常に経済効果が優先されるということも。

おそらく今回取材に応じてくれた精神科医の方々が指摘したように、被災地では何年後かに、病的ギャンブラーの問題が増大するだろう。お金、信頼、家族、人間性、未来――。天災を命からがら生きのびた人々から、ギャンブル依存という「人災」が、新たに奪い取るものは大きい。

この二次災害を防ぐために、私たちはいったい何ができるのだろうか。

二〇一二年一二月の衆議院総選挙では民主党が惨敗した。ＩＲ議連では古賀一成会長（民主党）こそ落選しているが、最高顧問には自民党の安倍晋三総理大臣や、麻生太郎副総理大臣など、そうそうたるメンバーが名を連ねている。

またパチンコチェーンストア協会のアドバイザーなどを務める、いわゆる「パチンコ議員」も今回大量に落選している。だがクレサラ問題などに詳しいジャーナリストの三宅勝久さんが二〇一二年末にインターネットのニュースサイト「My News Japan」で発表した記事によると、海江田万里氏、赤松広隆氏（ともに民主党）や、石原伸晃氏、甘利明氏（ともに自民党）ほか、パチンコ業界から献金を受けている議員はまだまだ多い。

政治とカネを国民の前に明らかにするという目的で作られた法律が、政治資金規正法だ。①政治活動目的でお金を扱うにあたっては、総務大臣か都道府県選挙管理委員会に届け出をしなければならない。②政治団体は毎年収支報告書を提出しなければならない。③総務大臣と都道府県選管は収支報告書を閲覧に付す。――この一連の仕組みにより、政治とカネの透明化を目指すとする。だがその実態は「透明化」には程遠いと、三宅さんは言う。

「以前はある国会議員の政治資金を調べようとしても、その議員がどこの選管にどんな名前の政治団体を持っているのかすら容易にわかりませんでした。この点は改善され、いまは現職国会議員関連の政治団体や政党支部の名前が総務省のホームページに掲載されています。しかし一覧になっているのは政治団体や支部の名前だけで、これらの収支報告書を見るのは相変わらず面倒で困難です。本来ならすべての収支報告書をＰＤＦファイルにしてホームページに掲載すればよいのですが、ＰＤＦ公開を採用しているのは、総務省と東京都など一二都府県だけ。これ以外の三五府県選管の場合、収支報告を見るためには多額の費用をかけてコピーを取り寄せるか、現地に行って閲覧するしかありません」

一般の個人が簡単にできることではない。本来はマスコミの仕事だが、大手メディアがこうしたことをきちんと報道しているとは言い難い。

始まったばかりの新政権の下で、ギャンブル大国ニッポンが、これからどちらに向けて舵《かじ》を切るのか。国民の一人一人が、注意深く監視を続けなくてはならない。

古川美穂
1965年，神奈川県生まれ．編集プロダクションから『週刊宝石』の専属編集者を経て，1994年よりフリーライターに．数年前から依存症問題について，女性誌などを中心にルポルタージュを発表．

ギャンブル大国ニッポン　　岩波ブックレット 862

2013年2月6日　第1刷発行

著　者　古川美穂《ふるかわみほ》

発行者　山口昭男

発行所　株式会社 岩波書店
〒101-8002 東京都千代田区一ツ橋 2-5-5
電話案内 03-5210-4000　販売部 03-5210-4111
ブックレット編集部 03-5210-4069
http://www.iwanami.co.jp/hensyu/booklet/

印刷・製本　法令印刷　　装丁　副田高行　　表紙イラスト　藤原ヒロコ

ISBN 978-4-00-270862-1　　Printed in Japan

「岩波ブックレット」刊行のことば

今日、われわれをとりまく状況は急激な変化を重ね、しかも時代の潮流は決して良い方向にむかおうとはしていません。今世紀を生き抜いてきた中・高年の人々にとって、次の時代をになう若い人々にとって、また、これから生まれてくる子どもたちにとって、現代社会の基本的問題は、日常の生活と深くかかわり、同時に、人類が生存する地球社会そのものの命運を決定しかねない要因をはらんでいます。

十五世紀中葉に発明された近代印刷術は、それ以後の歴史を通じて「活字」が持つ力を最大限に発揮してきました。人々は「活字」によって文化を共有し、とりわけ変革期にあっては、「活字」は一つの社会的力となって、情報を伝達し、人々の主張を社会共通のものとし、各時代の思想形成に大きな役割を果してきました。

現在、われわれは多種多様な情報を享受しています。しかし、それにもかかわらず、文明の危機的様相は深まり、「活字」が歴史的に果してきた本来の機能もまた衰弱しています。今、われわれは「出版」を業とする立場に立って、今日の課題に対処し、「活字」が持つ力の原点にたちかえって、この小冊子のシリーズ「岩波ブックレット」を刊行します。

長期化した経済不況と市民生活、教育の場の荒廃と理念の喪失、核兵器の異常な発達の前に人類が迫られている新たな選択、文明の進展にともなって見なおされるべき自然と人間の関係、積極的な未来への展望等々、現代人が当面する課題は数多く存在します。正確な情報とその分析、明確な主張を端的に伝え、解決のための見通しを読者と共に持ち、歴史の正しい方向づけをはかることを、このシリーズは基本の目的とします。

読者の皆様が、市民として、学生として、またグループで、この小冊子を活用されるように、願ってやみません。（一九八二年四月　創刊にあたって）

9784002708621
1920336005007
ISBN978-4-00-270862-1
C0336 ¥500E
定価（本体500円＋税）

津々浦々の駅前や道路沿いに燦然とかがやき、一歩ふみいればアップテンポの音楽と賑やかな場内アナウンスが人を興奮に引き入れる。日本独特の娯楽であるパチンコは、景品の現金化というシステムを持つギャンブルである。競馬・競輪・競艇・オートレース、宝くじにサッカーくじ……。賭け事まみれの日本で、いまギャンブル依存症が増えている。ギャンブル大国の姿を追う。

岩波書店